LEHRER-WITZE

für Kinder

EDITION XXL

Lehrerin: „Ein Kreis ist immer rund, auch an den Ecken."

DIE KREIDE MUSS WEG – UNSERE TAFEL SOLL SAUBER BLEIBEN!

Ein Lehrer steht mit seiner 3. Klasse schon seit einigen Stunden am Bahnsteig und lässt jeden Zug vorbeifahren. Die Schüler werden immer quengeliger und schließlich sagt er: „Okay, den nächsten Zug nehmen wir, auch wenn wieder nur 1. und 2. Klasse draufsteht!"

Welchen Unterschied gibt es zwischen Lehrern und Gott? Gott weiß alles, Lehrer wissen immer alles besser!

Die letzten Worte eines Sportlehrers: „Alle Speere zu mir …"

In der Schule fragt der Lehrer: „Wer kann mir die drei Eisheiligen nennen?" Meldet sich Max: „Langnese, Schöller und Dr. Oetker!"

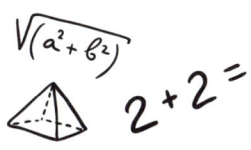

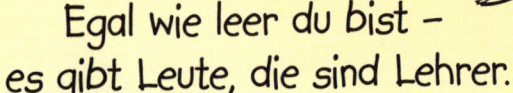

Egal wie leer du bist –
es gibt Leute, die sind Lehrer.

„Was möchtest du später mal werden?", fragt die Lehrerin. Simon antwortet: „Fahrlehrer, dann kann ich immer einen fahren lassen."

Im Biologieunterricht:
Lina: „Sie wollten doch heute über das Thema ‚Gehirn' sprechen."
Lehrer: „Ein anderes Mal, heute habe ich etwas anderes im Kopf …"

Der Deutschlehrer liest vor: „Ich gehe, du gehst, er geht, wir gehen, ihr geht, sie gehen. Tim, kannst du mir sagen, was das bedeutet?" „Nun, ich würde sagen, wir sind alle weg!"

Der Lehrer sagt: „Alle, die glauben, sie seien ein Idiot, stehen jetzt bitte auf!" Keiner steht auf. Nach einer Weile steht die Klassenbeste auf. Fragt der Lehrer: „Was machst du denn?" Sagt die Schülerin: „Ich wollte Sie nicht als Einzigen stehen lassen."

Fragt der Lehrer: „Max, was ist weiter von uns entfernt? Spanien oder die Sonne?" Max: „Spanien, Herr Lehrer!" Lehrer: „Warum nicht die Sonne?" Max: „Das ist doch klar! Die Sonne kann ich sehen – Spanien nicht."

„Welcher Vogel baut kein eigenes Nest?", fragt der Lehrer. Ein Schüler anwortet: „Der Kuckuck!" „Richtig. Und warum nicht?" „Weil er in einer Uhr wohnt!"

„Herr Lehrer", fragt Paul den Klassenlehrer, „kann man für etwas bestraft werden, was man nicht getan hat?" „Natürlich nicht. Das wäre ungerecht." „Gut", sagt Paul. „Ich habe meine Hausaufgaben nicht gemacht!"

Sagt die Lehrerin: „Wenn ihr in der dritten Reihe etwas leiser sein könntet als die Comicleser in der zweiten Reihe, dann könnten eure Mitschüler in der ersten Reihe ungestört weiterschlafen!"

Ein Schüler schläft im Unterricht. Der Lehrer weckt ihn: „Ich glaube nicht, dass dies der richtige Ort zum Schlafen ist!" Darauf der Schüler: „Ach, das geht schon. Sie müssen nur etwas leiser sprechen!"

„Max, was kannst du mir über die alten Römer erzählen?", fragt der Lehrer. Max überlegt kurz und sagt dann: „Sie sind alle tot."

Lehrer zum Schüler: „Sag deinem Großvater, er soll morgen zu mir in die Schule kommen." „Warum denn nicht mein Vater?" „Weil ich deinem Großvater zeigen möchte, wie viele Fehler sein Sohn bei deinen Hausaufgaben gemacht hat."

„Wer hat denn deine Hausaufgaben gemacht?", fragt der Lehrer streng. „Das weiß ich doch nicht", antwortet Patrick. „Gestern Abend musste ich schon früh ins Bett."

Der Lehrer fragt: „Wer von euch kann mir sechs Tiere nennen, die in Australien leben?" Meldet sich Klara: „Ein Känguru und fünf Emus."

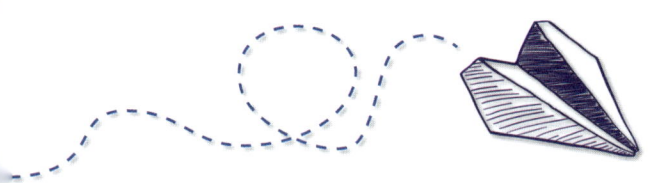

Erklärt der Lehrer: „Wörter, die mit ‚un-' anfangen, bedeuten immer etwas Schlechtes, wie z. B. Unfall oder unfair. Kennt ihr noch ein Beispiel?" Marie meldet sich und sagt: „Ich kenne noch eins: UNTERRICHT!"

Der Lehrer fragt Harry: „Wo wurde der Friedensvertrag von 1918 unterschrieben?" Nach längerem Nachdenken kommt die Antwort: „Na, unten rechts!"

Lehrer: „80 % aller Schüler in dieser Klasse haben keine Ahnung von Prozentrechnung." Schüler: „Herr Lehrer, so viele sind wir doch gar nicht!"

Der Mathematiklehrer steht vor der Klasse und erklärt: „Es gibt keine größere und keine kleinere Hälfte, ... aber warum erzähl ich euch das überhaupt, die größere Hälfte von euch versteht das ja doch nicht."

In der Schule fragt die Lehrerin, was die Schüler später werden wollen. Von den Kindern kommen Antworten wie: Polizist, Zugführer, Krankenschwester, Feuerwehrmann, Tierärztin ... Als die kleine Susi gefragt wird, antwortet diese: „Wenn ich hübsch werde, werde ich Fotomodell und ansonsten Lehrerin."

Der Lehrer fragt Annika, wo denn ihre Hausaufgaben seien. Annika: „Ich sollte doch mein Zimmer beschreiben, oder?" Lehrer: „Ja, genau. Wo sind denn nun deine Hausaufgaben?" Annika: „Nun, als ich die erste Wand vollgeschrieben hatte, kam meine Mama und hat mir die Stifte weggenommen!"

Erklärte Fritzchen seinen Eltern: „Wir haben Lehrermangel, weil zu viele Kinder in die Schule gehen. Daher schlage ich vor, ich bleibe mal ein paar Tage zu Hause, um die Lehrer zu entlasten!"

„Was halten Sie als Lehrer davon, dass sich immer jüngere Schülerinnen schminken?" „Das ist schon in Ordnung, wenigstens weinen sie nicht, wenn sie schlechte Noten bekommen."

Der Lehrer nahm die Zeiten durch: Gegenwart, Vergangenheit, Zukunft. „Wenn ich sage: Das Kind schlief – welche Zeit ist das, Nico?" „Vergangenheit." „Schön, und wenn ich sage: Dein Vater hat Geld! Welche Zeit ist das?" „So um den ersten eines Monats herum, Herr Lehrer."

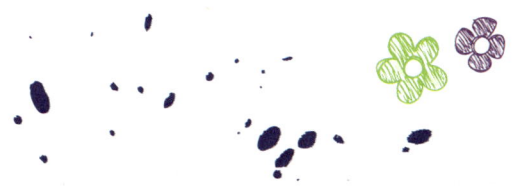

Die Lehrerin versucht den Schülern den Begriff Notwehr zu erläutern. Vorerst aber sollen es die Schüler selbst versuchen. Rita meldet sich. „Na, Rita", fragt die Lehrerin, „was verstehst du denn unter Notwehr?" „Wenn ein Schüler sein Zeugnis selbst unterschreibt!"

- Bei der Lehrerversammlung:
  „Das Problem liegt", sagt die Direktorin, „bei den Schülern, da sie sich nicht mehr konzentrieren können. Was können wir dagegen tun, Herr Müller?" „Wogegen?"

- Die Lehrerin fragt: „Welche Form hat die Erde?" Kim: „Die Erde ist rund." „Und woher weißt du das?" Kim: „Nun, es ist auch möglich, dass sie quadratisch ist. Aber über solche Kleinigkeiten möchte ich mit Ihnen nicht diskutieren."

- „Paul, du hast drei ganze Tage in der Schule gefehlt, kannst du mir sagen, warum?" „Aber Sie wissen doch, dass es gestern bei uns gebrannt hat!" „Ja, und den Tag vorher?" „Da haben wir ausgeräumt!" „Und den Tag vorher?" „Da haben wir überlegt, was wir tun können!"

Fragt die Lehrerin: „Nennt mir vier Sachen, die Milch enthalten." Meldet sich Gregor und sagt: „Vier Kühe, Frau Lehrerin."

Lehrer: „Kälte zieht zusammen, Hitze dehnt aus. Wer kennt Beispiele?" Tobi: „Sommerferien dauern 6 Wochen, Herbstferien nur 14 Tage!"

Lehrer: „Wieso kommst du heute so spät?" Schüler: „Ich wurde im hohen Gras von einem Pokemon angegriffen..."

19

Eine Deutschlehrerin liest in einem Aufsatz:
„Mein Papa arbeitet im Bergwerk. Von der Arbeit wird er sehr schmutzig und wenn er abends nach Hause kommt, wäscht ihm meine Mama erstmal den Kopf."

Der Religionslehrer schildert den Schülern den Weltuntergang: „Der Sturm wird die Dächer wegfegen, Flüsse werden über die Ufer treten und Blitz und Donner werden über die Menschheit hereinbrechen!" Fragt eine Schülerin: „Werden wir bei dem Sauwetter Unterricht haben?"

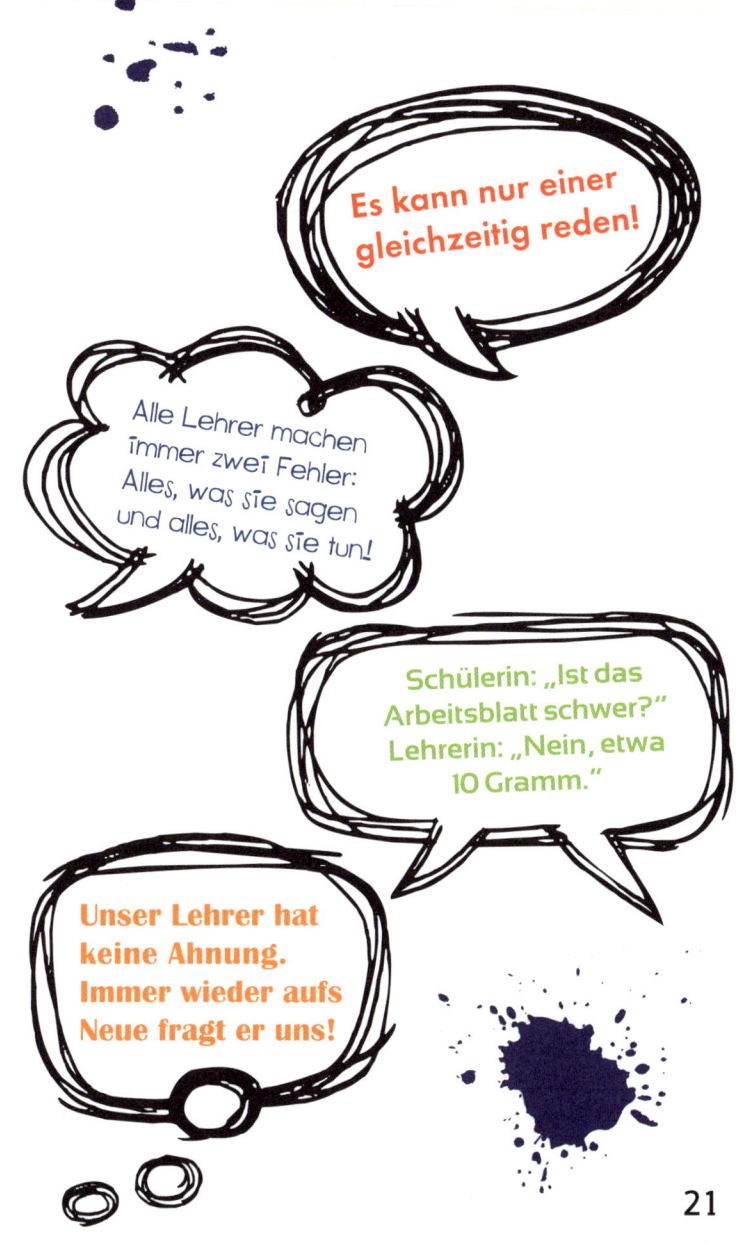

Es kann nur einer gleichzeitig reden!

Alle Lehrer machen immer zwei Fehler: Alles, was sie sagen und alles, was sie tun!

Schülerin: „Ist das Arbeitsblatt schwer?" Lehrerin: „Nein, etwa 10 Gramm."

Unser Lehrer hat keine Ahnung. Immer wieder aufs Neue fragt er uns!

Der Lehrer stellt die Aufgabe: „Morgen erklärt ihr mir bitte, was ein Gentleman ist." Im Bus sieht der kleine Kai eine schwangere Frau und überlässt ihr seinen Platz. Darauf antwortet diese: „Du bist aber ein kleiner Gentleman!" In der Schule sagt Kai dann: „Ein Gentleman ist ein Mann, der eine werdende Mutter sitzen lässt."

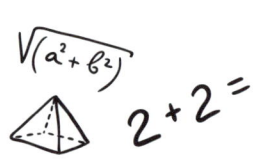
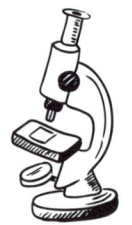

Es gibt keine blöden Fragen, es gibt nur Blöde, die nie fragen!

*Der Religionslehrer fragt:
„Wo ist das Himmelreich?"
„In Erlangen", antwortet
einer. „Wie kommst du denn
darauf?" „In der Bibel steht doch:
Suchet das Reich Gottes zu erlangen ..."*

**Sagt der Lehrer zu Jim: „Nenne mir bitte
andere Wörter für ‚misslungen'." Jim sagt:
„Mein Vater würde ‚Frau' sagen und meine
Mutter würde ‚Jim' sagen."**

Der Lehrer fragt: „Wolfi, nenne mir ein Element!"
„Bier!", brüllt Wolfi. „Quatsch, das ist doch kein
Element!" „Aber meine Mutter sagt immer, wenn
Papa mit einem Bier dasitzt: ‚Jetzt ist er wieder in
seinem Element!'"

> Montags fühle ich
> mich wie Robinson:
> Ich warte auf Freitag!

Der Lehrer erklärt den Schülern in der Schule den Begriff ‚Steuern': „Die Lohnsteuer ist eine direkte Steuer. Sie wird dem Arbeitnehmer direkt vom Lohn abgezogen. Wer kennt denn eine indirekte Steuer?" „Die Hundesteuer!" „Wieso?" „Sie wird vom Hund nicht direkt bezahlt!"

„Heute werden wir zum ersten Mal mit Computern rechnen", sagt die Lehrerin. „Wie viel sind fünf Computer plus vier Computer?"

Deutschlehrer Schmitter fragt seine Freundin: „Willst Du mich heiraten?" Sie antwortet beglückt: „Ja." Er: „Antworte bitte mit einem ganzen Satz."

Der Lehrer fragt: „Wie viele Erdteile gibt es auf der Welt?" Der Schüler antwortet: „Sechs." Lehrer: „Genauer bitte." Schüler: „Eins, zwei, drei, vier, fünf, sechs."

Der Deutschlehrer fragt im Unterricht nach dem ersten bekannten Dichter. Sebastian meldet sich und sagt: „Nebel, Herr Lehrer!" „Warum Nebel?", wundert sich der Lehrer. „Den kenne ich ja gar nicht." „Dann haben Sie wohl nie die Bibel gelesen", entgegnet Sebastian. „Darin steht nämlich: Dichter Nebel lag auf der Erde."

Christoph zur Lehrerin: „Was hat sechs Beine, gelbe Augen und einen grünen Rücken?" „Das weiß ich nicht, sag du es mir." „Was es genau ist, weiß ich auch nicht, nur, dass es Ihnen über Ihr Kleid läuft."

Der Lehrer fragt: „Kann mir jemand von euch ein Beispiel für einen glücklichen Zufall nennen?" Mara: „Ja ich! Mein Papa und meine Mama haben zufällig am selben Tag geheiratet."

- „Warum sind die Dinosaurier ausgestorben?", fragt der Lehrer. „Weil sie zu groß waren, um mit auf die Arche Noah zu kommen", antwortet Alisa.

- In der Schule. Der Lehrer fragt: „Welche Sünde hat Adam begangen?" Mario meldet sich: „Er hat vom verbotenen Apfel gegessen!" „Richtig, Mario! Und womit ist er dann bestraft worden?" „Er hat Eva heiraten müssen!"

- Der Lehrer fragt: „Warum heißt es ‚Muttersprache'?" Maxi antwortet: „Weil der Vater nie zu Wort kommt."

- „Das weibliche Gehirn ist also kleiner als das männliche. Was schließen wir daraus?" „Dass es nicht auf Quantität ankommt", meldet sich Karin.

- „Kann mir einer von euch sagen, was das Morgengrauen ist?", fragt der Lehrer. Eine Weile Schweigen. Dann meldet sich ein Junge: „Das ist das Grauen, das man empfindet, wenn man morgens zur Schule muss."

Die Lehrerin fragt: „Nennt mir einen berühmten griechischen Dichter." Hans antwortet: „Achilles." „Wodurch soll er denn berühmt sein?", fragt die Lehrerin. „Durch seine Ferse!", behauptet Hans.

„Jens, bitte sage das Alphabet auf", sagt der Lehrer. Jens gibt kein Ton von sich. „Kannst du es nicht?" „Doch, aber ich weiß nicht, wie der Anfang geht", erwidert Jens.

FRAGT DER LEHRER: „WAS IST UNTER WASSER UNMÖGLICH?" SINA ANTWORTET: „EIN LAGERFEUER ZU MACHEN."

„Es ist schön, wenn wir jeden Tag einem anderen Menschen eine Freude machen", erklärt die Lehrerin. „Kevin, konntest du gestern jemanden glücklich machen?" „Ja, meine Oma. Sie war glücklich, als ich wieder nach Hause ging."

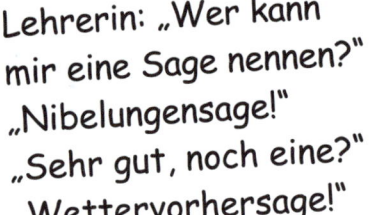

Lehrerin: „Wer kann mir eine Sage nennen?"
„Nibelungensage!"
„Sehr gut, noch eine?"
„Wettervorhersage!"

Die Lehrerin fragt: „Wer kann mir erklären, was ein Traum ist?" „Ein Traum ist wie Fernsehen im Schlaf", meint Torben.

„Wo glaubt ihr, wohnt Gott?", will die Religionslehrerin von ihren Schülern wissen. „Im Badezimmer", antwortet Bastian, ohne zu zögern. „Ja, wie kommst du denn darauf?", fragt die Leherin verwundert. „Na, jeden Morgen, wenn mein Vater aufsteht, hämmert er gegen die Badezimmertür und schreit: ‚Mein Gott, bist du denn immer noch da drin?'"

Schüler: „Wir sind sechs Jungen und jeder von uns hat eine Schwester."
„Da seid ihr ja zwölf Kinder!" „Nein, bloß sieben."

Eine Deutschlehrerin liest in einem Aufsatz:
„Der Orkan tobte auf dem Ozean; die sehr hohen Wellen trugen Schaumkronen und auf den kleinen Holzschiffen bekamen die Segel furchtbare Blähungen."

Englischlehrerin: „Tina, was heißt ‚Glocke' auf Englisch?" Tina: „Das weiß ich nicht." Lehrerin: „Bell!" Tina: „Wau, wau, wau!"

Erdkundelehrer: „Kann mir jemand einen Wein nennen, der am Vesuv wächst?" Jan meldet sich: „Glühwein!"

Lehrer: „Also liebe Schüler, erholt euch gut in den Ferien, bleibt gesund und kommt mir mit mehr Verstand wieder, als im letzten Vierteljahr!" Schüler: „Danke, das wünschen wir Ihnen auch!"

„Herr Müller, warum haben Sie mir denn eine Sechs gegeben?" „Weil es keine schlechtere Note gibt."

Fragt der Lehrer die neue Schülerin: „Wie sieht es bei dir mit Fremdsprachen aus?" Strahlt sie: „Gut, außer der deutschen sind mir alle Sprachen fremd!"

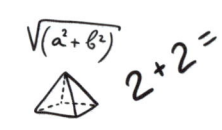

„Wenn ich den Kopf nach unten halte", erklärt der Lehrer, „strömt mir das Blut hinein, warum aber nicht in die Füße, wenn ich stehe?" Ein Schüler: „Weil Ihre Füße nicht hohl sind."

Der Lehrer fragt die Schüler nach den Berufen der Eltern aus: „Was übt dein Vater denn als Beruf aus, Hans?" Hans: „Er kümmert sich um verklemmte Typen!" – „Ach, er ist also Psychiater?", fragt der Lehrer. „Nein, er repariert Schreibmaschinen", antwortet Hans.

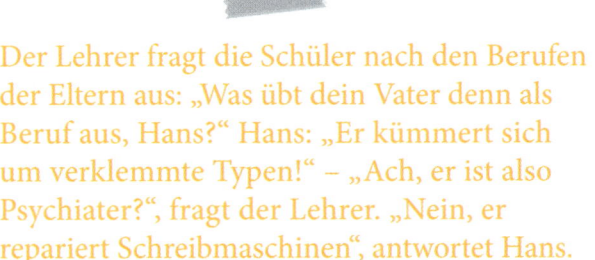

Die Musiklehrerin sagt zu Sophie: „Sing bitte die Note E!" Sophie tut es. „Sehr gut! Und jetzt G!" Sophie: „Danke! Dann also bis morgen!"

Lehrer: „Hör mal, wir beschäftigen uns mit einem Problem und du hörst überhaupt nicht zu."

Lehrer zum Schüler: „Einer von uns muss ein Riesentrottel sein." Am nächsten Tag überreicht ihm der Schüler einen Zettel. „Was ist denn das?" „Ein Attest vom Schularzt, dass ich völlig normal bin!"

Der Lehrer fragt Ben: „Wie hoch ist die Schule?" Ben antwortet: „1,40 m." „Wie kommst du darauf?", fragt der Lehrer. „Na, ich bin 1,55 m und die Schule steht mir bis zum Hals!"

Warum sackt eine Brücke ein, wenn ein Lehrer darübergeht? Der Klügere gibt nach!

Fragt die Lehrerin in der Geschichtsstunde den Fritz, der einige Zeit krank war: „Fritz, wie lange hast du denn gefehlt?" Antwort: „Seit dem Dreißigjährigen Krieg."

„Wenn ich sage: ‚Ich bin schön', um welche Zeit handelt es sich?" Schüler: „Vergangenheit!"

„Wenn es das Gesetz der Schwerkraft nicht gäbe, würden wir in der Luft herumfliegen", erklärt der Lehrer. „Und wie war das vorher, als es das Gesetz noch nicht gab?", will Gabi wissen.

Dennis rast mit seinem Fahrrad über den Schulhof. „Halt", ruft ihm ein Lehrer entgegen, „kein Licht, keine Klingel!" „Aus dem Weg", ruft Dennis, „und keine Bremse!"

Lehrer im Biologieunterricht: „Bei jedem Atemzug, den ich mache, stirbt irgendwo auf der Erde ein Mensch!" Flüstert einer in der hinteren Reihe: „Na, dann würde ich es mal mit Zähneputzen versuchen ..."

Lehrer: „Wie kannst du nur ‚Käse' mit zwei ‚s' schreiben?" Franzl: „Mit dem Kugelschreiber."

Die Lehrerin sagt: „Uwe, ich schenke dir heute zwei Kaninchen und morgen drei — wie viele Kaninchen hast du dann?" „Dann habe ich sechs." — „Falsch! Die richtige Antwort ist fünf." „Nein, das sind dann wirklich sechs." Die Lehrerin wird sauer: „Nun ist es aber gut, Uwe. Ich weiß das doch besser!" — „Aber Frau Lehrerin, ich habe doch schon ein Kaninchen ..."

Die Klasse bekommt eine Aufgabe vom Kunstlehrer: „Ihr sollt malen, was euch gefällt!" Als der Lehrer zu Fritzchen kommt, nimmt er sein Blatt und fragt ihn: „Hast du schon mal einen Engel mit drei Flügeln gesehen?" Da fragt Fritzchen zurück: „Haben Sie schon mal einen Engel mit zwei Flügeln gesehen?"

„Paul, ich habe im Wald vier Hufeisen gefunden. Weißt du, was das bedeutet?" „Natürlich, Frau Fink, das bedeutet, dass ein Pferd barfuß mit kalten Füßen durch die Gegend irrt!"

David schreibt im Diktat das Wort „Löwe" klein. Seufzt die Lehrerin: „Ich habe euch doch schon tausendmal erklärt: Alles, was man anfassen kann, wird großgeschrieben!" Wundert sich David: „Na, dann versuchen Sie doch mal, einen Löwen anzufassen."

Der Biologielehrer fragt im Unterricht: „Welches Tier hat das größte Anpassungsvermögen?" Tim antwortet: „Das Huhn. Es legt die Eier immer so, dass sie in den Eierbecher passen."

Wie ist ein perfekter Lehrer?
Er raucht nicht, trinkt nicht
und existiert nicht!

Sarah soll eine 11 an die Tafel schreiben.
Sie fängt mit einer 1 an und hält dann
inne. „Worauf wartest du denn?", fragt
die Lehrerin. „Ich weiß nicht, ob die zweite
1 links oder rechts von der anderen 1
geschrieben wird."

BESTÜRZT FRAGT DIE MUTTER DEN
LEHRER: „GIBT ES KEINE MÖGLICH-
KEIT, MEINEN SOHN DOCH IN DIE
NÄCHSTE KLASSE ZU VERSETZEN?"
DER LEHRER: „LEIDER NICHT. MIT
DEM, WAS IHR SOHN NICHT WEISS,
KÖNNEN NOCH ZWEI WEITERE
SCHÜLER SITZENBLEIBEN!"

Vorwurfsvoll sagt Frau Grimm zur Lehrerin: „Sie sollten den Kindern keine Rechenaufgaben mehr geben, in denen eine Flasche Bier nur 40 Cent kostet. Mein Mann konnte die ganze Nacht vor Aufregung nicht schlafen."

„Wie gefällt es dir denn in der Schule, Robin?", fragt der Lehrer. „Ganz gut", meint Robin, „allerdings ist jedesmal ein halber Tag im Eimer!"

46

Im Matheunterricht wird über Statistiken gesprochen. „Zum Beispiel verbrauchen die Spanier 40, die Deutschen 42 Rollen Toilettenpapier pro Kopf", erklärt der Lehrer. „Das versteh' ich nicht", wundert sich ein Schüler, „wieso denn pro Kopf?"

Herr Grün: „Florian! Wie kommt es, dass dein Aufsatz über eure Katze identisch mit dem deines Bruders ist?" Florian: „Ganz einfach, Herr Grün, wir haben nur eine Katze zu Hause."

Das bin ich

Der Lehrer lässt einen Aufsatz schreiben zu dem Thema: ,Ich bin ein Generaldirektor!' Die Klasse stürzt sich auf Papier und Bleistift und lässt ihrer Fantasie freien Lauf. Nur Patrick sitzt da und tut nichts. „Aber Patrick, warum schreibst du denn nichts?" „Ich warte auf meine Sekretärin!"

„Was ist Dampf?", fragt Frau Friedrich. „Das ist Wasser, das sich vor der Hitze aus dem Staub macht!", meldet sich Natalie.

Ein Vater beschwert sich beim Lehrer: „Warum haben Sie meinen Sohn heute nach Hause geschickt?" Der Lehrer: „Er sagte, dass seine Schwester Masern hätte." Vater: „Ja, schon, aber die wohnt in Amerika!"

Der Lehrer fragt im Matheunterricht: „Angenommen, du hast zehn 2-Euro-Stücke und fünf 10-Cent-Stücke. Die steckst du in die Hosentasche und verlierst drei 10-Cent-Stücke. Was hast du dann in der Tasche?" Der Schüler: „Ein Loch!"

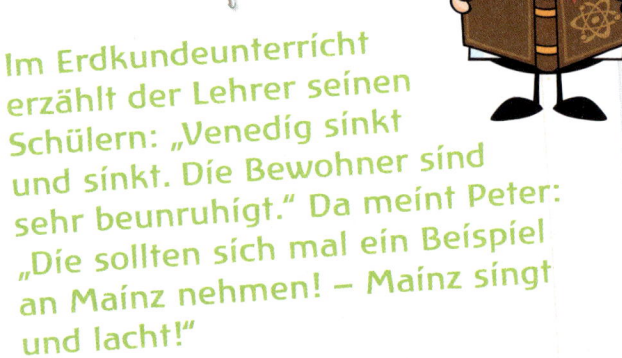

Im Erdkundeunterricht erzählt der Lehrer seinen Schülern: „Venedig sinkt und sinkt. Die Bewohner sind sehr beunruhigt." Da meint Peter: „Die sollten sich mal ein Beispiel an Mainz nehmen! – Mainz singt und lacht!"

„Ist es wahr, dass sich der Wal von Sardinen ernährt?", fragt Willi in der Biostunde den Lehrer. „Natürlich, Willi!", antwortet er. Darauf Willi: „Und wie bekommt er die ganzen Büchsen auf?"

Fragt die Mathelehrerin Marvin:
„Was ist 2+7?" „Eine Matheauf-
gabe!", antwortet Marvin.

„FINDEN SIE NICHT", FRAGT KLARAS
MUTTER BEIM ELTERNABEND, „DASS
MEINE TOCHTER SEHR BEGABT IST
UND ORIGINELLE IDEEN HAT?" „OH,
JA", STIMMT DER LEHRER ZU, „VOR
ALLEM IN DER RECHTSCHREIBUNG!"

„Jeder Mensch muss in seinem Leben ein Ziel haben", sagt der Lehrer, „Welches Ziel hast du, Christoph?" „Ich möchte Ihr Vorgesetzter werden, Herr Lehrer!"

Lehrerin: „Ich bade, du badest, er, sie, es badet. Was für eine Zeit ist das?" Rob: „Samstagabend, Frau Richter!"

Die Lehrerin fragt: „Wo liegt Bordeaux?"
Paul ruft: „Im Weinkeller von meinem Papa!"

Lehrer: „Kevin, wo ist denn dein Hund? Du bist doch jeden Tag mit ihm zur Schule gekommen." Kevin: „Ich musste mich von ihm trennen." Lehrer: „Warum?" Kevin: „Er hat das Abitur bestanden – ich aber nicht!"

Während des Unterrichts meldete sich Sven, weil er dringend aufs Klo musste. Die Lehrerin sagte: „Die Stunde ist gleich um, so lange kannst du noch warten." Wenige Minuten später hob der Schüler die Hand, der genau hinter Sven saß. Die Lehrerin sagte ärgerlich: „Ich weiß schon, so was steckt an, nun musst du sicher auch dringend raus." „Nein", sagte der Kleine, „ich möchte nur bestätigen, dass Sven wirklich dringend musste!"

Ein Lehrer, ein Physiker und ein Mathematiker übernachten in einer Blockhütte. Plötzlich brennt es. Der Lehrer wacht auf und sieht das Feuer. Er läuft raus und überlebt. Der Physiker wacht auf, ist von diesem Phänomen begeistert und stirbt in den Flammen auf der Suche nach dem Thermometer. Der Mathematiker wacht auf, sieht den Feuerlöscher und schläft weiter, denn es existiert bestimmt eine Lösung.

Lehrer: „Ich bitte um 3 Sekunden Aufmerksamkeit, Lisa liest ihre Hausaufgaben vor."

Lehrer: „Wie nennt man einen Menschen, der stiehlt?" Ina: „Das weiss ich nicht." Lehrer: „Denk doch mal nach! Wenn ich meine Hand in deine Tasche stecke und dann einen Euro herausziehe, was bin ich dann?" Ina: „Ein ganz grosser Zauberer!"

In der Chemiestunde: „Was geschieht mit Gold, wenn man es an der frischen Luft liegen lässt?" „Es wird gestohlen ..."

ALLE SCHLAFEN, EINER SPRICHT, JA, DAS NENNT MAN UNTERRICHT.

„Was ist ein Vakuum, Tina?", fragt der Physiklehrer. „Ich hab's im Kopf, aber ich komm grad nicht drauf."

„Was ist eine Oper?", fragt der Lehrer. „Ein Theaterstück, in dem der Hauptdarsteller erstochen wird und anstatt zu verbluten, anfängt zu singen!", antwortet Benni.

Geht ein Deutschlehrer in ein Restaurant. Der Kellner bringt die Speisekarte. Nach einer Weile kommt er wieder und fragt: „Haben Sie etwas gefunden?" Der Deutschlehrer antwortet: „Ja, neun Rechtschreibfehler!"

Wie nennt man einen Mann, der dauernd weiterspricht, obwohl ihm keiner zuhört? – Einen Lehrer.

Lehrer: „Was soll bloß aus dir werden? Deine Schrift kann niemand lesen!" Schüler: „Das ist nicht schlimm, ich möchte sowieso Arzt werden. Dafür reicht sie!"

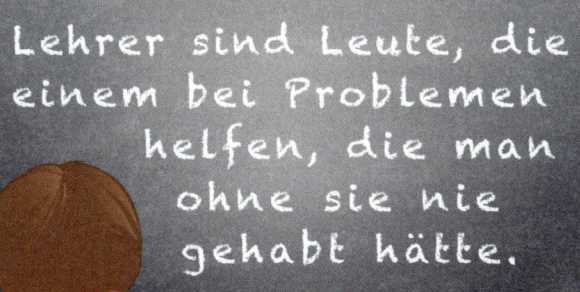

Lehrer sind Leute, die einem bei Problemen helfen, die man ohne sie nie gehabt hätte.

Ich bin doof

Lehrer: „Ist das jetzt eine Demo oder wisst ihr echt nix?"

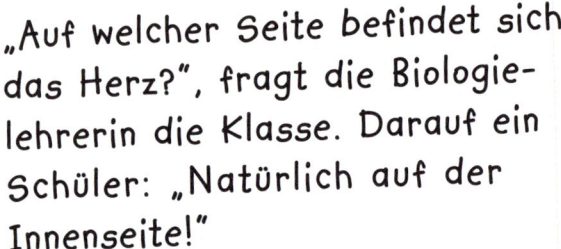

„Auf welcher Seite befindet sich das Herz?", fragt die Biologielehrerin die Klasse. Darauf ein Schüler: „Natürlich auf der Innenseite!"

Schule ist Zeit, Zeit ist Geld, Geld ist Luxus und ... auf Luxus kann ich verzichten!

Lehrerin: „Was war 1749?"
Beate: „Goethe wurde geboren!"
„Sehr gut! Und was war 1752?"
„Da wurde Goethe drei
Jahre alt!"

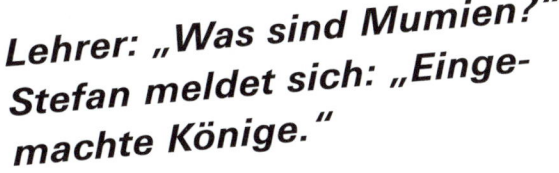

Lehrer: „Was sind Mumien?"
Stefan meldet sich: „Einge-
machte Könige."

Der Lehrer bringt eines Morgens einen lebenden Regenwurm mit in den Biologieunterricht. „So, Kinder, aufgepasst!", ruft er und lässt den Wurm in ein Glas Wasser fallen. Dort plantscht der kleine Wurm munter weiter. „Das war Wasser, aber nun nehme ich Alkohol!", erklärt er und legt den Regenwurm in ein Glas Spiritus. Der Wurm zappelt noch ein paar Mal, dann sinkt er leblos zu Boden. „So, liebe Schüler: Was lernen wir daraus?" Der kleine Marvin meldet sich eifrig: „Wer viel Schnaps trinkt, bekommt keine Würmer!"

Wie viele Lehrerwitze gibt es? –
Keine, denn sie sind alle wahr.

Lehrer: „Franzl, alle Achtung vor dir! Das war aber tapfer und kameradschaftlich, dass du deinen Mitschüler Georg aus dem Weiher gezogen hast, als er beim Schlittschuhlaufen auf dem Eis eingebrochen ist." Franzl: „Herr Lehrer, der hat ja auch meine Schlittschuh angehabt."

„Der Aufsatz über die Milch sollte doch zwei Seiten lang werden!", sagt die Lehrerin. „Warum ist deiner nur eine halbe Seite lang?" Der Schüler antwortet: „Ich habe über Büchsenmilch geschrieben!"

„Hast du ein Foto von deinem Zwillings-
bruder?", fragt der Lehrer. „Ja, hier!"
„Aber es ist ja nur einer drauf!" „Der
andere sieht ja auch genauso aus."

Fragt der Lehrer: „Kennen Sie
schon Goethes Faust?" „Ach,
geboxt hat der auch?", wundert
sich der Schüler.

Lehrer: „Jürgen, du hast dich wieder mal
nicht richtig gewaschen. Man sieht dir
an, dass du heute morgen Schokocreme
zum Frühstück hattest!" „Stimmt nicht,
die Schokocreme stammt noch von
Sonntag!"

„Herr Lehrer, was ist der Unterschied zwischen einem Optimisten und einem Pessimisten?" „Ganz einfach, mein Junge. Schau dir einen Schweizer Käse an – der Optimist sieht nur den Käse, der Pessimist nur die Löcher."

Lehrer: „Warum steht ein Flamingo auf einem Bein?" Schüler: „Wenn er das andere auch hochzieht, fällt er auf den Schnabel."

Die Lehrerin behandelt in der Schule Sprichwörter. Diesmal: „Müßiggang ist aller Laster Anfang." Mike ist skeptisch. Lehrer: „Hast du das nicht verstanden?" „Im Prinzip ja", meint Mike. „Aber so ein Laster hat fünf Vorwärtsgänge und einen Rückwärtsgang. Wo ist denn da der Müßiggang?"

Unterricht. „Was gehört zu einem Testament?", fragt der Lehrer. „Ein Toter und viel Geld!", meldet sich Herbert.

Der Lehrer stellt den Kindern die schwierigsten Fragen. Schließlich sagt er: „Hat von euch auch jemand eine Frage?" Maria hebt den Finger: „Jawohl, Herr Lehrer – wann ist die Stunde zu Ende?"

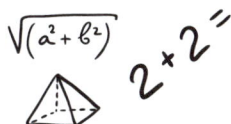

Der Lehrer fragt: „Dieter, warum hast du gestern gefehlt?" „Weiß ich nicht, ich hab die Entschuldigung nicht gelesen!"

Der Lehrer erklärt etwas.
Ruft ein Schüler: „Lauter!"
„Entschuldigung, ich wusste
nicht, dass jemand zuhört!",
erwidert der Lehrer.

Der Lehrer fragt: „Fabian, wie
alt bist du?" Fabian: „Sechs."
Lehrer: „Und was möchtest du
später mal werden?" Fabian:
„Sieben!"

Der Lehrer versucht den Kindern den Begriff ‚Wunder' zu erklären. „Ein Dachdecker fällt vom Kirchturm und bleibt unverletzt. Paul, was ist das?" – „Ein Unfall, Herr Lehrer." „Nun fällt derselbe Mann erneut vom Dach und es passiert wieder nichts. Heiko, was ist das?" – „Glück, Herr Lehrer!" Der Lehrer verzweifelt. „Wenn er nun aus dem viertem Stock fällt und bleibt wieder unverletzt, was ist das dann, Susi?" – „Gewohnheit, Herr Lehrer!"

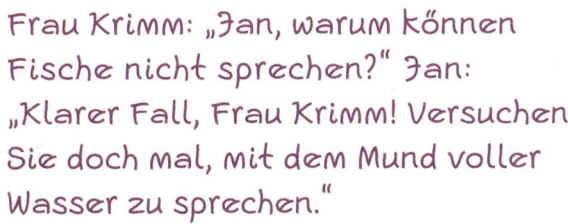

Frau Krimm: „Jan, warum können Fische nicht sprechen?" Jan: „Klarer Fall, Frau Krimm! Versuchen Sie doch mal, mit dem Mund voller Wasser zu sprechen."

Marie heult am Morgen los: „Ich gehe nicht in die Schule! Immer, wenn die Lehrer nicht mehr weiter wissen, fragen sie mich!"

Fehler 404
Diese Seite konnte nicht gefunden werden!

Was ist der Unterschied zwischen Autofelgen und Lehrern? Autofelgen sind von Reifen umgeben, Lehrer von Unreifen.

In der Pause streiten sich zwei Jungs. „Du bist ein Kamel!", sagt der eine. – „Du bist ein noch viel größeres Kamel!" Da kommt die Lehrerin dazu und sagt: „Ihr habt wohl vergessen, dass ich auch noch da bin!"

Der Lehrer zu Wolfgang: „Heute Nachmittag werde ich mich bei deiner Mutter für die leckeren 10 Äpfel bedanken, die du mir neulich mitgebracht hast!" Wolfgang verändert seine Gesichtsfarbe und stottert: „Ist es wohl möglich, dass Sie sich auch für 15 Äpfel bedanken?"

Lehrer: „Bilde einen Satz mit Pferd und Wagen, Jürgen!" „Das Pferd zieht den Wagen." „Gut und nun die Befehlsform!" „HÜ!"

Was haben Lehrer und Wolken gemeinsam? Wenn sie sich ver-ziehen, wird es schön.

„Ich habe dich gestern auf der Straße getroffen, aber du hast mich nicht gesehen", sagte die Lehrerin zu Freddie. „Ja, ich weiß."

Eine Deutschlehrerin liest in einem Aufsatz:

„Eine Katze hat verschiedenfarbiges Fell. Lässt man die Katze fallen, berührt sie immer den Boden. Vorn hat die Katze einen Kopf und hinten einen Schwanz, der immer dünner und dünner wird, bis er da, wo nichts mehr ist, ganz aufhört. Leider darf unsere Katze zu Hause nicht mehr frei herumlaufen, wenn Tante Hildegard zu Besuch ist, weil sie einen Vogel hat ..."

Während der Direktor in einer Klasse den Unterricht prüft, wird er durch Geschrei in der Nachbarklasse gestört, so dass er wutentbrannt hinüberläuft, sich den größten Schreihals packt und ihn mit in seine Klasse nimmt. Nebenan wird es auffallend still, bis es an der Tür klopft. Ein Schüler tritt ein und fragt: „Können wir unseren Lehrer zurückhaben?"

Die Lehrerin spricht über die Gegenwart, Vergangenheit und Zukunft. Sie fragt einen Schüler: „Ich werde heiraten — Welche Zeit ist das?" „Allerhöchste Zeit", antwortet er.

Der Lehrer hat sein Notizbuch nicht dabei. Er sagt zu Jens: „Spring doch mal ins Lehrerzimmer und schau nach, ob das Buch noch auf meinem Platz liegt." Jens sprintet los und ist auch schon nach zwei Minuten wieder zurück. Ganz außer Atem berichtet er: „Sie haben recht, Herr Lehrer. Das Notizbuch liegt im Lehrerzimmer auf Ihrem Platz."

Lehrer: „Wann ist die beste Zeit zum Kirschenpflücken?" Schüler: „Wenn der große Hund des Nachbarn nicht im Garten ist."

Lehrer: „Björn, kannst du mir sagen, was der Unterschied zwischen mein und dein ist?"
Björn: „Wenn Sie den nicht wissen, Herr Obermeier, dann passen Sie nur auf, dass Sie nicht eines Tages im Gefängnis landen."

Lehrer: „Tut es dir nicht leid, dass du in deiner Wut mit einer Blumenvase nach deinem Bruder geworfen hast?" Schüler: „Ja, denn es war eigentlich eine sehr schöne Vase."

79

Der Lehrer nimmt verschiedene Materialien durch und fragt, woraus ein Teller besteht. „Aus Scherben!", meldet sich Petra.

Beim Sportunterricht liegen alle auf dem Rücken und fahren Rad. „Hey, Lukas, warum machst du nicht mit? Du liegst ja ganz ruhig da!", schimpft der Lehrer. „Sehen Sie nicht, dass ich gerade bergab fahre?"

Eine ganze Stunde lang hat der Religionslehrer über das Laster gesprochen. Um
sicherzugehen, dass man ihn verstanden hat,
ruft er Ina an die Tafel. Diese erklärt stolz:
„Ein Laster ist ein großes Fahrzeug, das man
mit Sand und Kies beladen kann."

Die Schüler schreiben
einen Aufsatz über Tiere.
Nina schreibt: Unser Hund
ist großartig. Er ist der beste
Hund, den es gibt. Er sucht Stöckchen,
springt sehr hoch und bringt uns jeden
Morgen die Zeitung, auch wenn wir gar
keine abonniert haben.

„Ich habe euch von der Klapperschlange erzählt", sagt der Lehrer zur Klasse. „Wer kennt ein ähnliches Tier, dem man ebenfalls nicht trauen kann?" Nik meldet sich: „Der Klapperstorch!"

Der Lehrer: „Was ist eine Proportion?" „Eine Maßeinheit", meint Juliane. „Das musst du schon genauer erklären", meint der Lehrer. „Das Eis kostet pro Portion einen Euro!"

„Wer kann mir das klügste Tier nennen?", fragt die Lehrerin. „Der Kuckuck, er ist das einzige Tier, das seinen Namen kennt!"

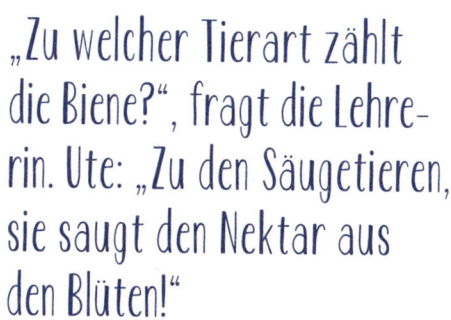

„Zu welcher Tierart zählt die Biene?", fragt die Lehrerin. Ute: „Zu den Säugetieren, sie saugt den Nektar aus den Blüten!"

- Schüler: „Herr Lehrer! Haben Schlangen eigentlich einen Schwanz?" Lehrer: „Selbstverständlich, das ist doch das Einzige, was sie haben."

- Lehrerin: „Wenn die alten Römer ihr Ende nahen fühlten, hüllten sie sich fest in ihre Toga und warteten auf den Tod." Jan: „Wenn der aber nun nicht kam?" „Dann wickelten sie sich wieder aus!"

- Lehrerfrage im Biologieunterricht: „... und wie nennt man die Lebewesen, die sowohl im Wasser als auch an Land leben können?" Mara steht auf und sagt: „Matrosen!"

Der Religionslehrer will den Kindern die ewige Existenz Gottes erklären: „Gott war schon da, als eure Eltern und Großeltern und Urgroßeltern lebten, Gott wird da sein, wenn eure Kinder und Enkel gestorben sein werden. Wie bezeichnet man diese Eigenschaft?" „Er ist zäh", meldet sich Klaus.

Der Lehrer stöhnt: „Seit zwanzig Jahren bin ich jetzt schon Lehrer. Was glaubt ihr wohl, welche Wörter ich am häufigsten gehört habe?"
„Ich weiß es nicht."
„Richtig."

Der Lehrer weiht seine Klasse in die Geheimnisse des Rechnens ein: „Also, es gibt Millimeter, Zentimeter, Dezimeter, Quadratmeter, Kubikmeter …" „Und Elfmeter!", brüllt Max dazwischen.

Geschichtslehrerin: „Das Glas haben wir den Ägyptern zu verdanken, den Kalender den Römern und unsere Zahlen haben wir von der Arabern. Knut, kannst du ähnliche Beispiele nennen?" „Ja, die Kaffeemaschine haben wir von den Schmitts, das Bügeleisen von den Falters und die Teekanne von meiner Oma."

Der Lehrer fragt nach einem Magneten: „Er hebt Gegenstände auf und fängt mit ,M' an!" „,Mutter', Herr Lehrer!", meldet sich Tina.

Sandra kommt aus der Schule und schwärmt von ihrer neuen Lehrerin: „Sie ist wirklich nett, sieht sehr hübsch aus und ist außerdem auch sehr fromm!" „Warum denn fromm?", möchte der erstaunte Vater wissen. „Immer wenn sie mich etwas fragt und ich ihr antworte, sagt sie ‚Oh, mein Gott!'"

Lehrer: „Warum fliegen die meisten Vögel im Herbst nach Süden?" Schüler: „Damit die Menschen im Winter nicht so viel Vogelfutter kaufen müssen."

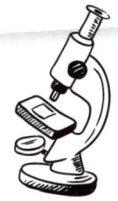

Lehrer: „Christian, wie oft muss ich dir noch sagen, dass man nicht mit dem Zeigefinger in der Nase herumbohrt!" Christian: „Welchen Finger soll ich denn dann nehmen?"

Der Lehrer erzählt seinen Schülern: „Da gab es damals einen Römer, der jeden Morgen vor dem Frühstück dreimal über den Fluss schwamm. Stellt euch das mal vor! Ist das nicht toll, Andreas?" „Naja", zögerte der Kleine, „ich wundere mich nur, warum der nicht viermal geschwommen ist, damit er wenigstens an dem Ufer wieder ankam, an dem seine Sachen lagen!"

Sabine fragt ihre Mutter: „Stimmt es, dass Lehrer Geld verdienen?" Die Mutter antwortet: „Ja, natürlich." Sabine ist empört: „Das ist gemein! Die ganze Arbeit machen doch wir!"

Lehrer: „Eure Aufsätze, die ihr mir abgeliefert habt, sind wieder mal sehr trocken. Was können wir bloß tun, dass sie nicht so trocken bleiben?" Schüler: „Wie wäre es, wenn wir etwas Wasser draufschütten?"

Lehrer: „Manuel, wie nennt man die frommen Männer, die ganz allein, fernab von allen Menschen, in der heißen Wüste leben?" Manuel: „Wüstlinge, Herr Lehrer!"

Lehrer: „Marc, übertrage bitte diese römischen Ziffern, die ich an die Tafel geschrieben habe, in arabische." Marc: „Tut mir leid, Herr Lehrer, Arabisch habe ich noch nicht gelernt."

Der Lehrer fertigt eine Klassenliste mit Namen und Geburtsdaten der Schüler an. Er fragt: „Uwe, wann hast du Geburtstag?" Uwe reagiert nicht. Der Lehrer wiederholt seine Frage: „Ich möchte wissen, wann du Geburtstag hast." Uwe antwortet: „Warum denn? Sie schenken mir ja doch nichts!"

Lehrer: „Jens, kannst mir erklären, was ein Heuchler ist?" Jens: „Ein Heuchler ist ein Schüler, der behauptet, gern in die Schule zu gehen."

Am ersten Schultag nach den Sommerferien steht ein kleines Mädchen wartend vor der Schule. Kommt ein Lehrer vorbei und fragt: „Worauf wartest du denn?" Die Kleine: „Auf die nächsten Ferien."

„So, Lars", ärgert sich der Lehrer. „Du weißt also nicht, wann der Dreißigjährige Krieg begann." „Nein, Herr Bauer", antwortet Lars, „aber ich weiß, wie lange er gedauert hat."

Lehrerin: „Hast du denn keine Ohren? Wie oft muss ich dir noch sagen, dass du nicht ständig mit den Beinen zappeln sollst?" Schüler: „Und wie, bitte, soll ich mit den Ohren zappeln?"

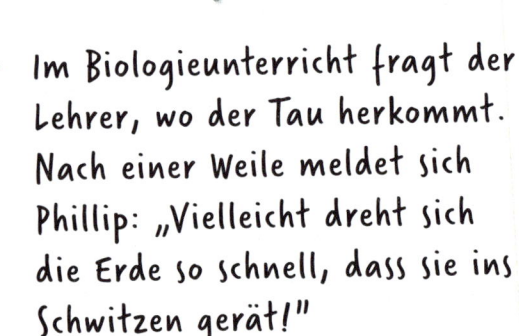

• Im Biologieunterricht fragt der Lehrer, wo der Tau herkommt. Nach einer Weile meldet sich Phillip: „Vielleicht dreht sich die Erde so schnell, dass sie ins Schwitzen gerät!"

Der Lehrer war beim Schlittschuhlaufen eingebrochen und wurde von einem Schüler gerettet. „Ich bin stolz, einen solchen Schüler in meiner Klasse zu haben. Gleich morgen werde ich deinen Mitschülern von deiner Heldentat berichten!", sagt der Lehrer. „Tun Sie das bitte nicht", entgegnet der Schüler, „sonst bekomme ich von der ganzen Klasse Prügel!"

Die Lehrerin hält in der Klasse einen Erste-Hilfe-Kurs. Nach ihrem Vortrag fragt sie Tamara: „Was würdest du tun, wenn ein Mensch auf der Straße einen Hitzeschlag erlitten hätte?" Eifrig antwortet die Schülerin: „Ich lege ihn in den Schatten und mache ihn kalt."

Eine junge Referendarin hat ihre erste Lehrstunde vor einer Prüfungskommission. Sie schreibt an die Tafel: „Schule macht Spaß, wenn man erfolgreich ist." Sie nimmt einen Schüler dran und fordert ihn auf, den Satz vorzulesen. Der Schüler sagt mit zittriger Stimme: „Mann, ist das ein steiler Zahn." Die Referendarin wird rot und schickt den Schüler vor die Tür. Beim Hinausgehen dreht sich der Schüler noch einmal zur Prüfungskommission um und sagt: „Wenn ihr mir noch mal etwas falsch vorsagt, dann komme ich nie wieder zur Schule!"

Der Biologielehrer fragt Paul: „Warum hat der Stier einen Ring durch die Nase?" „Weil er verheiratet ist."

Im Matheunterricht fragt die Lehrerin die kleine Kim: „Kim, drei Spatzen sitzen auf einer Mauer, einer fliegt weg, wie viele Spatzen sitzen denn dann noch auf der Mauer?" Kim antwortet: „Keine mehr, Frau Schäfer, wenn der eine wegfliegt, erschrecken sich die beiden anderen und fliegen auch davon!" „Nun," meint die Lehrerin, „das war zwar nicht das, was ich hören wollte, aber ich mag deine Art zu denken, Kim!" Daraufhin entgegnet Kim: „Frau Schäfer – drei Frauen sitzen auf einer Parkbank, die eine beißt in ihr Eis, die andere schlingt es hinunter und die dritte leckt mit vollem Genuss daran. Welche von ihnen ist verheiratet?" Die Lehrerin überlegt und antwortet: „Die, die in das Eis beißt?" Kim: „Nein, die mit dem EHERING, aber ich mag Ihre Art zu denken!"

Max: „Herr Lehrer, hat der Februar 30 oder 31 Tage?" Lehrer: „Aber Max, ich habe doch schon oft gesagt, dass der Februar höchstens 29 Tage haben kann." Max: „Ach ja, Verzeihung! Diesmal war ich der Dumme."

„Unser Lehrer weiß auch nicht, was er will", flüstert Jens seinem Tischnachbarn zu. „Gestern hat er noch gesagt, dass fünf und fünf zehn ist. Heute behauptet er, sechs und vier wäre zehn."

In der Musikstunde fragt der Lehrer: „Was ist das wichtigste Streichinstrument?" Jakob steht auf und antwortet: „Der Pinsel!"

„Wenn man einem Lehrer begegnet, dann nimmt man seine Mütze ab", ermahnt der Lehrer. „Ich habe aber meine Mütze nicht bei mir, Herr Lehrer", antwortet Erwin. „Die hast du doch auf dem Kopf!" „Die gehört meinem Bruder!"

Im Klassensaal sind zwei Garderobenhaken angebracht. Darüber hängt ein Schild: „Nur für Lehrer!" Am nächsten Tag klebt ein Zettel darunter: „Aber auch für Jacken geeignet!"

„Jetzt ist es schon zehn Uhr!", schreit die Lehrerin die Schülerin an, als diese die Klasse betritt. „Du hättest doch schon um acht Uhr hier sein sollen!" „Warum? Hab ich etwas Wichtiges verpasst?"

Der Lehrer fragt im Unterricht: „Was versteht man unter einer Bahnunterführung?" Meldet sich einer der Schüler: „Kein Wort, wenn gerade ein Zug darüberfährt."

Im Physikunterricht erklärt der Lehrer den Schülern die Elektrizität. „Wenn man eine Katze gegen das Fell streichelt, lädt es sich auf und es entsteht Elektrizität." „Und wo bekommt das Elektrizitätswerk die ganzen Katzen her?", möchte ein Schüler wissen.

„Hier ist die Addition, Herr Lehrer, die ich machen sollte. Ich habe sie zehnmal nachgerechnet." „Das ist aber fleißig." „Ja und hier sind die zehn Ergebnisse!"

Die Schulklasse ist zusammen mit ihrem Lehrer fotografiert worden. Der Lehrer empfiehlt seinen Schülern, sich Abzüge machen zu lassen. „Stellt euch vor, wie nett es ist, wenn ihr das Foto in zwanzig Jahren wieder zur Hand nehmt und sagt: ‚Ach, das ist ja der Malte, der ist jetzt auch Lehrer; und das ist doch Norman Falter, der ist Bäcker geworden; und da steht doch die Kathi, die ist nach Australien ausgewandert.'" Da ertönt aus der letzten Reihe eine Stimme: „Und das ist unser Lehrer, der ist schon lange gestorben!"

Lehrer: „Aus welchem Land kommst du?" Schülerin: „Tschechoslowakei." Lehrer: „Buchstabiere das bitte mal!" Schülerin: „Obwohl, ich glaube, ich bin eigentlich in Ungarn geboren…"

„HEIKE", FRAGT DER LEHRER, „NEHMEN WIR AN, DEINE MUTTER KAUFT SICH EIN KLEID FÜR 140 EURO, DEIN BRUDER EIN PAAR SCHUHE FÜR 200 EURO UND DU EIN PAAR FÜR 70 EURO. WAS GIBT DAS DANN?" – „KRACH MIT PAPA."

Können Lehrer schwimmen? Einerseits ja – weil sie ja hohl sind, andererseits nein – weil sie ja nicht ganz dicht sind.

„Victor", fragt der Lehrer in der Schule beim Mathematikunterricht, „wie viel müsst ihr bezahlen, wenn ihr dem Bäcker 150 Euro, dem Metzger 90 Euro, dem Floristen 110 Euro und dem Lebensmittelhändler 200 Euro schuldet?" „Das weiß ich nicht", meint Victor, „wir ziehen dann nämlich immer um."

Der Pfarrer besucht die erste Klasse und fragt: „Kinder, wisst ihr denn auch, wer ich bin?" „Klar", meint Karlchen, „du bist der Nachrichtensprecher vom lieben Gott!"

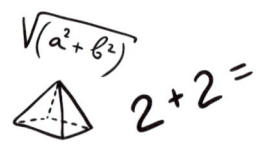

„Was ist schneller, das Licht oder der Schall?", will der Lehrer von seinen Schülern wissen. „Natürlich das Licht", antwortet der erste, „wenn ich das Radio anschalte, leuchtet erst die Skala und dann höre ich den Ton." „Quatsch, der Schall ist schneller", fällt ihm ein anderer ins Wort, „beim Fernseher höre ich erst den Ton und dann sehe ich das Bild." Der Lehrer wendet sich an einen dritten Schüler: „Wenn in 200 Meter Entfernung ein Feuerwerkskörper abgeschossen wird, was hörst oder siehst du da zuerst?" „Ich sehe erst den Blitz und dann höre ich den Knall." „Richtig", strahlt der Lehrer, „und warum?" „Das ist doch klar, die Augen sind weiter vorn als die Ohren."

„Aber du musst in die Schule!" „Die Schüler mögen mich nicht, die Lehrer hassen mich, der Hausmeister kann mich nicht leiden und der Busfahrer kann mich nicht ausstehen." „Also, du bist jetzt 50 Jahre und der Direktor der Schule – du musst also dort hin!"

Die Lehrerin fragt, warum die Giraffe einen so langen Hals hat. Dana weiß es: „Weil der Kopf so hoch oben ist!"

Die Lehrerin prüft das Einmaleins. Sie meint: „Das Ergebnis muss wie aus der Pistole geschossen kommen! Wieviel ist 6 x 3?" Justin ruft in die Klasse: „PENG!"

Der Lehrer in der Schule fragt nach den Eigenschaften des Wassers. David weiß sofort eine: „Wenn wir uns waschen, wird es ganz schwarz."

Der Lehrer fragt: „‚Ich habe zu Abend gegessen.' Was ist das für eine Zeit?"
„Eine Mahlzeit", weiß Dieter.

„Wenn du es schaffst, in die nächste Klasse versetzt zu werden, machen wir eine schöne Reise miteinander", verspricht der Vater. Patrick freut sich, meint aber: „Aber Papa, zu Hause ist es doch auch ganz schön."

Der Lehrer fragt die Kinder: „Nennt mir ein Beispiel, wann Ehrlichkeit am längsten währt?" Heiner meldet sich: „Wenn ich die Rechenaufgaben abschreibe, bin ich schneller fertig, als wenn ich sie allein mache. Da brauche ich länger!"

Der Lehrer liest den Schülern die Geschichte vom verlorenen Sohn vor: „Der Vater des verlorenen Sohnes aber fiel auf sein Angesicht und weinte bitterlich. – Peter! Warum weinte der Vater wohl?" „Na, das ist doch klar", Herr Lehrer, „fallen Sie mal mit der Nase auf den harten Boden."

„Der Mond ist so groß, dass Milliarden Menschen darauf Platz hätten", erklärt der Lehrer. „Aber was wäre das für ein Gedränge, wenn Halbmond ist!", gibt Karin zu bedenken.

Der Chemielehrer kommt nach Hause. Seine Frau kommt ihm schon an der Tür entgegen und strahlt: „Unsere Tochter hat heute ihr allererstes Wort gesagt!" Der Lehrer neugierig: „Was sagte sie?" Sie: „Trinitrotoluol!"

Lehrerin: „Was malst du denn da, Julia?"
„Eine Kuh!" „Und wo ist denn der Schwanz
von der Kuh?" „Der ist noch im Bleistift!"

„Was ist für die Menschen wichtiger, die
Sonne oder der Mond?", fragt die Lehrerin im Erdkundeunterricht. „Natürlich der
Mond", antwortet Christine, „wenn es
dunkel ist, leuchtet er in der Nacht, weil
es am Tag sowieso hell ist."

Im Biologie-Unterricht geht es um Pflanzen-
kunde. „Wer kennt noch weitere Ausdrücke für
Staubgefäße?", fragt der Lehrer. Jürgen nennt
einen: „Mülleimer."

Hans ist mal wieder ohne Hausaufgabe in die Schule gekommen. Der Lehrer droht: „Weißt du, was du dir jetzt verdient hast?" Doch der schlaue Fritz lenkt schnell ab: „Herr Bach, ich bin nicht in der Schule, um etwas zu verdienen, sondern um zu lernen."

Die Lehrerin erklärt im Biologieunterricht: „Der Maulwurf frisst täglich so viele Insekten, wie er selbst wiegt." Da wundert sich Maike: „Aber woher weiß er denn, wie viel er wiegt?"

Am ersten Schultag nach den Sommerferien sollen die Schüler einen Aufsatz über ihre Erlebnisse in den Ferien schreiben. André schreibt: „Die großen Ferien waren echt super, aber um darüber einen Aufsatz zu schreiben, waren sie viel zu kurz."

„Welches ist das einzige Lebewesen, vor dem der Löwe Angst hat?", will die Lehrerin wissen. Sören: „Vor der Löwin!"

Der Erdkundelehrer: „Es gibt viele Bäche, Flüsse und Ströme, die ins Meer fließen, dazu regnet es auch immer wieder hinein und dennoch läuft das Meer nicht über! Woran kann das liegen?" Die Klasse schweigt. Da glaubt Bernd die Lösung zu wissen: „Ich glaube, die Fische trinken einfach so viel!"

„Was ist die Hälfte von sechzehn?", wird Franzi von der Mathelehrerin gefragt. „Weiß ich nicht, aber allzu viel kann es nicht sein ...!"

Im Deutschunterricht: „Was ist die Zukunftsform von ‚ich stehle'?"
„Ich werde ins Gefängnis kommen!"

Der Lehrer verbessert: „Es heißt nicht, ‚das Gras tut wachsen‘, sondern ‚das Gras wächst‘. Es heißt auch nicht, ‚das Wasser tut fließen‘, sondern ‚das Wasser fließt.‘“ Nach einer Weile meldet sich Mia. Der Lehrer fragt: „Was ist denn, Mia?“ „Herr Lehrer, mein Bauch weht!“

„Carsten, was hatten wir denn gestern auf?“, fragt die Lehrerin. Carsten überlegt kurz und sagt dann: „Sie gar nichts und ich eine Mütze.“

In der Grammatikstunde schreibt der Lehrer einen Satz an die Tafel: „Der Landstreicher ist Hungers gestorben." Dann fragt er Achim: „Wo ist das Subjekt dieses Satzes?" „Ich nehme an", sagt Achim, „auf dem Friedhof."

Die Lehrerin ist wütend: „Fritzchen, kaust du schon wieder Kaugummi?" „Ja, aber ..." „Ab, sofort in den Papierkorb!" „Der Kaugummi auch?!"

Im Musikunterricht singt Fritz sehr falsch. Der Musiklehrer: „Warum singst du so falsch, Fritz?" „Ich habe einen Frosch im Hals!" „Dann lass ihn singen, er kann's nicht schlimmer machen als du!"

Der Lehrer zu den Schülern: „Kennt ihr das Wort Wendepunkt?" Meldet sich ein Schüler: „Ich kenne das Wort. Meine Mama sagt immer zu Papi: ,Wenn du punkt zwölf nicht zu Hause bist, schlägt's dreizehn!' "

„Was ist die Hälfte von 8?", will der Mathelehrer wissen. „Senkrecht oder waagerecht?" „Wie bitte?", fragt der Lehrer irritiert. „Ja, weil senkrecht ist es 3 und waagerecht o!"

Frau Schäfer ermahnt die kleine Sarah: „Hör mal, Sarah! Mädchen haben normalerweise eine schöne Handschrift, aber deine kann wirklich keiner lesen. Ab heute strengst du dich besser an und schreibst deutlicher, in Ordnung?" Murmelt Sarah vor sich hin: „Jaja, und dann hab ich den ganzen Ärger mit den Rechtschreibfehlern!"

- Der Kunstlehrer zeigt ein Gemälde und fragt die Schüler: „Was wird hier dargestellt, ein Sonnenuntergang oder ein Sonnenaufgang?" Darauf Ben: „Ein Sonnenuntergang. Ich glaube kaum, dass ein Künstler so früh aufsteht!"

- „Nenne mir die vier Jahreszeiten, Tine", sagt der Lehrer. „Frühling, Herbst und Winter", antwortet sie. „Na, und wo bleibt der Sommer?" „Das hab ich mich in diesem Jahr auch gefragt!"

„Nun, Fritzchen", fragt der Lehrer, „kannst du mir ein durchsichtiges Metall nennen?"– „Ja, Maschendraht!"

Fragt der Deutschlehrer seine Schüler: „Heißt es ‚der' Monitor, oder heißt es ‚das' Monitor?" Antwortet Mark: „Wenn Moni ein Tor schießt, heißt es ‚das Monitor'."

„Sag, was stellst du dir unter einem weisen Mann vor?" „Einen Mann, der keine dummen Fragen stellt, Herr Lehrer!"

118

Es ist streng verboten,
den Affen an der Tafel zu füttern.

Warum kommen Mathelehrerinnen nie in den Himmel? Weil Drachen nicht höher als 300 Meter steigen!

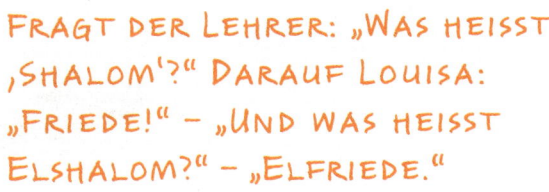

FRAGT DER LEHRER: „WAS HEISST ‚SHALOM'?" DARAUF LOUISA: „FRIEDE!" – „UND WAS HEISST ELSHALOM?" – „ELFRIEDE."

Eine Deutschlehrerin liest in einem Aufsatz:

„Ich habe eine kleine Schwester, die klein ist. Sie kann aber noch nicht laufen, dafür hat sie Füße."

- Lehrerin: „Weiß einer von euch, was eine Wüste ist?" Felix: „Ein Gebiet, in dem nichts wächst." Lehrerin: „Genau. Kannst du mir auch ein Beispiel nennen?" Felix: „Ja. Der Schrebergarten von meiner Tante!"

„Wer kann mir ein Tier ohne Knochenbau nennen?", fragt der Lehrer. Lilli weiß es: „Ein Wurm!" „Gut", sagt der Lehrer: „Und wer kennt noch ein Tier ohne Knochenbau?" Diesmal meldet sich Nik: „Noch ein Wurm."

Die Lehrerin erklärt: „Wenn wir ins Bett gehen, dann stehen die Leute in Amerika erst auf." Entrüstet meldet sich Melanie: „Das sind ja echt faule Leute!"

Herr Schmidt: „Kinder, kommt weg vom offenen Fenster. Wenn einer rausfällt, will es nachher wieder keiner gewesen sein."

„Wie ist die Mehrzahl von Sandkorn?", fragt der Lehrer. „Wüste ...!"

Der Lehrer ermahnt: „Ich möchte dich nicht noch einmal beim Abschreiben erwischen, Klaus!" „Das möchte ich auch nicht ..."

Sven seufzt: „Überall reden sie vom Lehrermangel, nur bei uns fehlt nie einer!"

„Also, das ist doch ...", stottert der Musiklehrer, als er den Geigenkasten des Schülers öffnete. „Du kommst mit einer Maschinenpistole zum Unterricht?" – „Oh nein", murmelt der Schüler und wird ganz blass. „Jetzt steht mein Vater mit der Geige in der Bank!"

„Wegen den vielen Zwischenrufen verstehe ich meine eigenen Worte nicht mehr!", ruft der Lehrer verärgert. Maurice: „Das ist nicht so schlimm, Sie versäumen nichts."

Lehrer: „Bastian, was kannst du über die Inseln im Mittelmeer erzählen?" „Dass die Inseln alle größer oder kleiner sind als Sizilien."

Ein Gymnasiallehrer, ein Realschullehrer und ein Sonderschullehrer verlieren bei einer Alkoholkontrolle ihre Führerscheine. Verzweifelt versuchen sie, die Polizeibeamten auf dem Revier umzustimmen. Der Gymnasiallehrer versucht es zuerst, da er der Klügste unter den Kollegen ist. Aber nach 15 Minuten kommt er wieder heraus und sagt: „Es macht keinen Sinn. Sie geben uns die Führerscheine nicht wieder." Der Realschullehrer versucht es als nächstes, aber auch er kommt nach 15 Minuten mit hängendem Kopf heraus und sagt: „Keine Chance!" Dann versucht es der Sonderschullehrer. Nach 5 Minuten kommt er strahlend mit den drei Führerscheinen in der Hand heraus. Seine Kollegen sind begeistert und fragen ihn, wie er das denn geschafft habe. Daraufhin der Sonderschullehrer: „Ach, das war eigentlich ganz einfach. Die sind alle bei mir in die Klasse gegangen!"

Eine Schülerin flüstert während des Unterrichts mit ihrer Nachbarin. Fragt der Lehrer: „Über was redet ihr beiden denn?" „Ach, von einem Ein-Euro-Stück. Wir haben es auf dem Schulhof gefunden und beschlossen, dass es derjenige bekommt, der am besten lügen kann." „Lügen ist aber eine große Sünde", meint der Lehrer. „Als ich noch so jung war wie ihr, habe ich niemals gelogen." Da meint die Schülerin: „Los, gib ihm das Geld! Der lügt am besten!"

Silja flüstert ihrer Nachbarin leise die richtige Antwort zu. Lehrer: „Du kannst dich aber auch ruhig melden!" Silja: „Man muss ja nicht gleich übertreiben!"

Die Lehrerin fragt Joe: „Und, was hat dein Vater zu deinem Zeugnis gesagt?" „Soll ich die schlimmen Wörter weglassen?" „Ja, bitte!" „Also, dann hat er nichts gesagt."

„Wer kann mir eine Flüssig-keit nennen, die bei Kälte nicht gefriert?", fragt der Lehrer im Unterricht. „Warmes Wasser!", ruft Lara.

Herr Fischer ist nach einem Unfall im Krankenhaus. Er bekommt eine Karte von seinen Schülern, in der steht: „Lieber Herr Fischer, Sie sind zwar nett, aber dumm. Dumm, wenn sie glauben, dass es ein Unfall war. Grüße, Ihre 12a."

„TIMO, WENN DU SAGST: ,DAS LERNEN MACHT MIR FREUDE!', WAS IST DAS FÜR EIN FALL?" „EIN SELTENER FALL, HERR MÜLLER!"

Der Lehrer fragt: „Kennt hier jemand eine Bauernregel?" Christian meldet sich: „Sind die Hühner platt wie ein Teller, war der Traktor mal wieder schneller!"

Alex soll ein Bild mit einer Kuh und einer Wiese malen. Die Lehrerin kommt, um das Bild zu benoten. Sie stellt aber fest, dass Alex kein Bild gemalt hat und fragt ihn: „Wo ist die Wiese?" Er antwortet: „Die Kuh hat die Wiese aufgefressen." Die Lehrerin fragt: „Und wo ist die Kuh?" Da antwortet Alex: „Denken Sie, eine Kuh bleibt an einer Stelle stehen, an der keine Wiese ist?"

Der Lehrer fragt Florian:
„Wenn du fünf Euro vor dir
liegen hast und Felix nimmt
dir zwei davon weg, was gibt
das dann?"
Florian: „Prügel!"

Während des Chemieunterrichts schreibt
Herr Brenner eine Formel an die Tafel
und sagt: „Wie ihr seht, fehlt ein Elektron.
Wo ist es?" Es herrscht Schweigen in der
Klasse. „Wo ist das Elektron?", fragt Herr
Brenner erneut. Da ruft Ringo: „Niemand
verlässt den Raum, bevor das Elektron
nicht gefunden ist!"

„Peter, was weißt du von den alten Römern?", fragt der Lehrer. Peter überlegt kurz und sagt dann: „Sie sind alle tot."

Schüler: „Herr Lehrer, was heißt das, was Sie unter meinen Aufsatz geschrieben haben?"
Lehrer: „Du musst deutlicher schreiben!"

Schüler: „Bitte nicht wegwerfen, ich sammle kaputte Glühbirnen!" Lehrer: „Was willst du denn mit kaputten Glühbirnen?" Schüler: „Die brauche ich für meine neue Dunkelkammer."

Der Klassenlehrer schimpft mit Fritzchen: „Das ist heute das fünfte Mal in dieser Woche, dass du zu spät kommst. Was hast du dazu zu sagen?" „Es wird diese Woche bestimmt nicht mehr vorkommen."

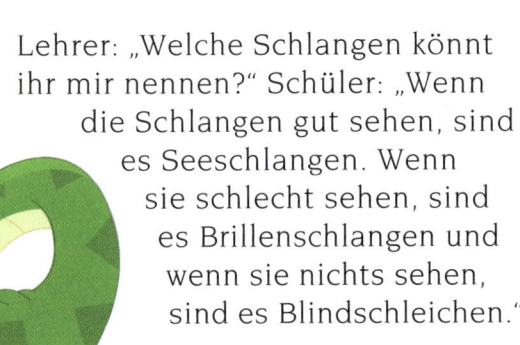

Lehrer: „Welche Schlangen könnt ihr mir nennen?" Schüler: „Wenn die Schlangen gut sehen, sind es Seeschlangen. Wenn sie schlecht sehen, sind es Brillenschlangen und wenn sie nichts sehen, sind es Blindschleichen."

Gymnastiklehrer: „Alle eine Schritt vortreten. Auch der kleine Rothaarige dahinten!" Schüler: „Aber, Herr Lehrer, das ist doch ein Hydrant." Lehrer: „Egal, auch Kinder von Akademikern müssen auf mein Kommando hören."

Der Lehrer erklärt im Chemieunterricht: „Im Jahr 1771 hat der schwedische Chemiker Scheele den Sauerstoff entdeckt." Mirko fragt ganz überrascht: „Was haben die Menschen denn vorher geatmet?"

Herr Ziegler fragt: „Wenn deine Mutter dir zwei Scheiben Brot mit in die Schule gibt und du eines davon isst, was hast du dann noch?" „Immer noch Hunger!"

Lehrer: „Als Alexander der Große so alt war wie du, hatte er schon die halbe Welt erobert." Schüler: „Na, kein Wunder, der hatte ja auch Aristoteles als Lehrer."

In der Grundschule fragt die Lehrerin ihre Schüler: „Wer weiß, woher der Strom kommt?" Die kleine Marie meldet sich und sagt: „Aus dem Dschungel!" Die Lehrerin fragt erstaunt: „Wie kommst du denn darauf?" Marie antwortet: „Na, ich habe doch gestern genau gehört, wie mein Onkel sagte ‚Jetzt haben die Affen mir den Strom abgestellt!"

Lehrerin: „Klaus, dein Diktat ist gut. Nur ein einziger Fehler. Und der stimmt mit dem deines Nachbarn überein! Was muss ich daraus folgern?" Schüler: „Dass mein Nachbar auch einen Fehler gemacht hat!"

Hätten Lehrer etwas Anständiges gelernt, dann müssten sie nicht ihr Leben lang in die Schule gehen!

Im Matheunterricht stellt der Lehrer Franz eine Aufgabe: „Also, deine Mutter geht von A nach B. Dabei legt sie 4 Kilometer pro Stunde zurück. Deine Tante geht von B nach A und legt in einer Stunde 6 Kilometer zurück. Wo treffen sie sich?", fragt der Lehrer. „Ich glaube, im nächsten Café!", meint Franz.

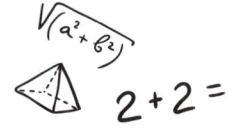

Der Lehrer fragt in die Runde: „Welche Muskeln treten in Funktion, wenn ich boxe?" „Meine Lachmuskeln!", antwortet Volker.

Der Lehrer fragt Markus: „Sag mal, was soll das unter deinem Aufsatz: Alle Rechte vorbehalten, einschließlich der Verfilmung und Übersetzung?"

Die Lehrerin fragt im Biologieunterricht: „Kinder, wer kann mir sagen, zu welcher Familie der Schellfisch gehört?" Meint Fritz: „Ich kenne keine Familie, die einen Schellfisch hat!"

Bildnachweis:
Shutterstock: advent 12, 43, 55, 93,106, 126; Aleks Melnik 37, 100; Art'nLera 7, 9, 22, 30, 35–36, 49, 52, 62, 64, 66–67, 69, 74–75, 80, 87, 89, 92, 94, 97, 103–104, 113, 116, 118–120, 126, 128, 130, 135, 138; Big Boy 139; bins 97; Bobb Klissourski 44, 77, 88; chotwit 51; chudo-yudo 24, 61, 97, 134; D.J.McGee 61, 97; Danilo Sanino 102; Dragan85 97; ekler 7–8, 19, 25–26, 32, 40, 52, 54, 59, 61, 74, 79, 80, 83, 86, 113, 122, 137; halimqd 8, 21, 119; HitToon.Com 7, 42, 50, 62, 74, 78, 127, 133, 138, Janos Levente 41, 79, 83, 137; JonahWong 34; Lyudmyla Kharlamova 26, 38, 58, 87, 94; Macrovector 8, 15, 19, 22, 25, 32, 38, 43, 50–51, 62, 65, 80, 83, 94, 103, 119, 123, 139; MastakA 72; Mikado767 52, 74, 79, 113, 116, 126, 137; Milan M 6–12, 14–17, 19–24, 26–27, 29, 31–33, 35–40, 42–56, 58–63, 65, 67–71, 73–79, 81–86, 88–104, 106–115, 117–123, 125–135, 137–139 ; Neda Sadreddin 27, 134;Oleg Erin 136; Paola Canzonetta 86; Pushkin 51; regionales 25; ridjam 29; Ron Leishman 48, 95; rzarek 9, 11–12, 14, 16–17, 27, 30, 33, 36–37, 41–42, 44, 49, 53, 56, 58, 60, 62–63, 66–73, 75, 78, 82, 87, 89, 92–93, 99–101, 104, 106, 109, 114–115, 118–119, 121, 126, 128, 131–133, 135, 137–138; Sujono sujono 36; TashaNatasha 13, 59, 65, 107; Tatiana_Kost 15, 43, 50–51, 62, 94, 103, 120, 123, 127, 130, 139; Teguh Mujiono 111; Tomacco 57; vitasunny 64; Yayayoyo 10, 14, 17, 23, 32, 34, 41, 47, 49, 53–54, 63, 67, 69–70, 81–82, 85, 90, 104, 110, 112, 114, 116, 118, 120, 125, 129 ,132

Idee und Projektleitung: Sonja Sammüller
Layout, Satz und Umschlaggestaltung:
design cat GmbH

ISBN 978-3-89736-548-3